Pourquoi le Verseau est-il le onzième signe ?

En 300 avant J.-C., le calendrier commence avec l'équinoxe de printemps le 21 mars. Il faut attendre Jules César pour que l'année débute en janvier. La date grecque est restée pour l'astrologie.

Bébé

VERSEAU

Livre de naissance et des premières fois

21 janvier - 18 février

Textes : Aurore Meyer
Illustrations : Émilie Theillard

Hugo Image

Bienvenue bébé Verseau !

Bébé Verseau est né le

....

à .... h ....

Il a de très jolis cheveux ....

et de beaux yeux ....

Il pèse .... kg et mesure .... cm

Bébé Verseau a été créatif car :

....

....

....

....

MAMAN

Prénom ....

Nom ....

Date de naissance ....

Signe astrologique ....

Ascendant ....

Grandes qualités & petits défauts

....

....

....

PAPA

Prénom ....

Nom ....

Date de naissance ....

Signe astrologique ....

Ascendant ....

Grandes qualités & petits défauts

....

....

NOTRE RENCONTRE ....

....

....

Un bébé Verseau déterminé à arriver !

Nous avons découvert le test positif

le ....

Pour avoir un bébé Verseau, Maman est sûrement tombée enceinte entre le **22 avril** et le **21 mai** !

Nous avons appris que bébé Verseau était dans le ventre de Maman

depuis le ....

Comment Maman l'a annoncé à Papa ?

....

....

Quelle a été sa réaction ?

Comment l'avons-nous annoncé à notre entourage ?

LE PRONOSTIC

Pour Maman : ◯ garçon ◯ fille
Pour Papa : ◯ garçon ◯ fille
Pour l'entourage : ◯ garçon ◯ fille

Selon les estimations, nous savions que bébé serait Verseau ou alors était-ce une surprise ?

Dans le ventre…

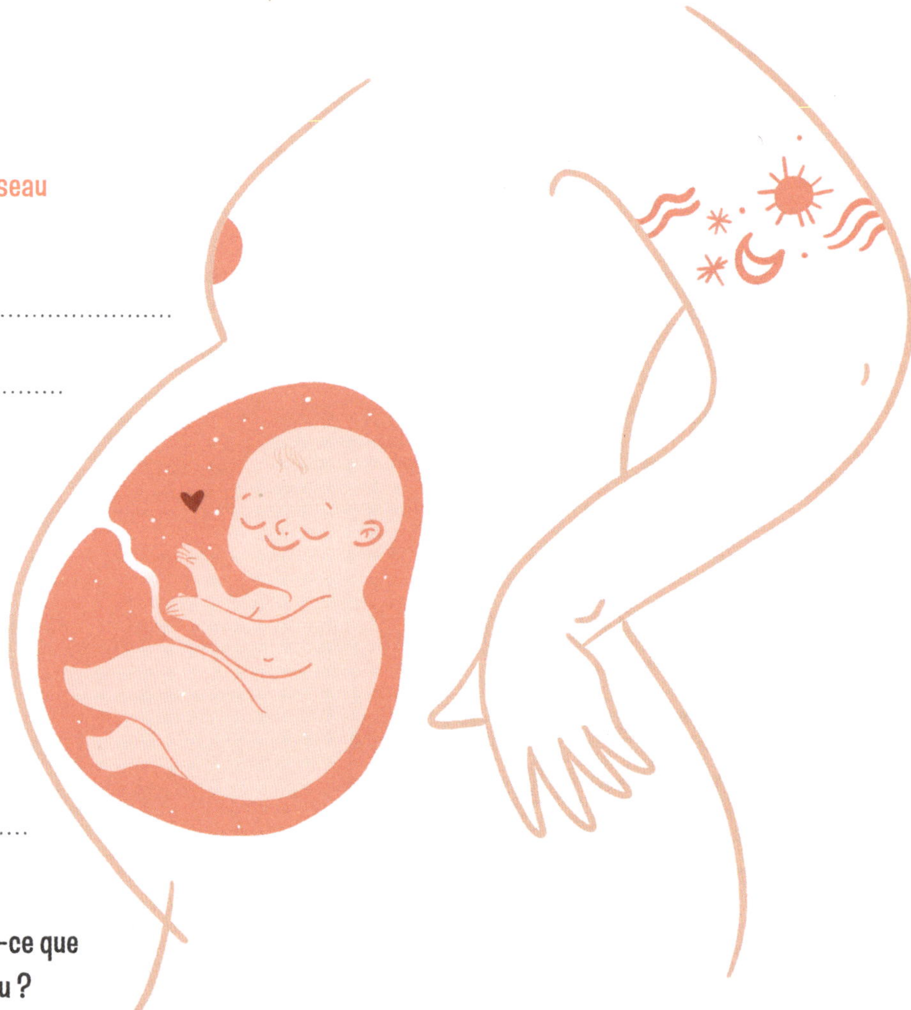

Quand Maman a-t-elle senti son bébé Verseau pour la première fois ?

....

....

....

Et Papa ?
Quelle a été sa réaction ?

....

....

....

En bon Verseau un peu incontrôlable, est-ce que bébé donnait des coups dans le bidou ?

◯ oui ◯ non

... mois après mois

Comment s'est passée la grossesse ?

....

....

....

Nous avons appris que bébé Verseau était ◯ une fille ◯ un garçon

le ....

◯ nous avons préféré garder la surprise !

Maman était-elle malade ? ◯ oui ◯ non

Avait-elle des envies particulières ?

....

Le prénom

Maman aimait les prénoms :

....

....

....

....

....

Papa aimait les prénoms :

....

....

....

....

....

Et nous sommes tombés d'accord sur un prénom créatif, digne d'un bébé Verseau :

....

Comment avons-nous choisi ce beau prénom ?

....

Sa signification : ....

Jour de fête : ....

Les personnes célèbres
qui ont le même prénom que bébé Verseau :

Harry Styles

Emmanuelle Charpentier

Laura Flessel

Cyril Lignac

....

....

....

....

....

....

....

Avec ce prénom, nous imaginions déjà son futur caractère :

....

....

....

La chambre

Qui a préparé la chambre ? ....

Quelles sont les couleurs dominantes ? ....

COULEUR DU VERSEAU

Le bébé Verseau a souvent besoin
de faire ses propres expériences
en testant la solidité de ses jouets !

Bébé Verseau partage sa chambre avec :

....

La veille du jour J

Comment se sent Maman à J-1 ?

Tout est prêt ? La valise est-elle dans l'entrée ? ◯ oui ◯ non

Que contient-elle ?

Comment avons-nous su que bébé Verseau allait pointer le bout de son nez ?

LA NAISSANCE

Un bébé de l'hiver entre dans notre vie.

Bébé Verseau n'est pas un bébé comme les autres ! Nerveux, bouillonnant, avide de découvertes et de faire ses propres expériences, ce bébé-là est très indépendant mais il a pourtant un grand besoin de câlins. Bébé Verseau est très fusionnel avec ses parents.

Le temps qu'il faisait :

Le bébé Verseau n'est pas comme les autres.
Est-il arrivé en avance ?

....

....

Le président de la République s'appelle

....

La chanson qui passe en boucle à la radio :

....

Bébé Verseau

21 janvier - 18 février

Planète : URANUS • Élément : AIR • Pierre : GRENAT

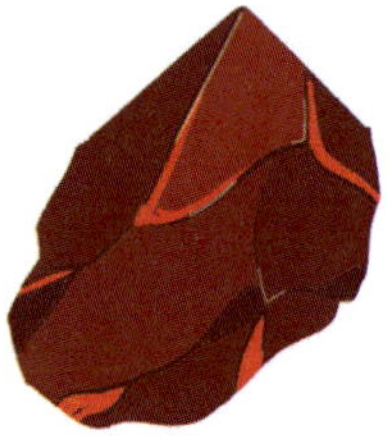

Devise : Je découvre

SYMBOLE

Le signe auquel il est opposé même s'ils sont complémentaires : LE LION

LES 3 DÉCANS DE BÉBÉ VERSEAU

PREMIER DÉCAN : 21 janvier – 30 janvier

♥ tempérament passionné ⚡ va dans tous les sens

DEUXIÈME DÉCAN : 31 janvier – 10 février

♥ très indépendant ⚡ un peu trop de caprices

TROISIÈME DÉCAN : 11 février – 18 février

♥ sait se débrouiller tout seul ⚡ il faut suivre ses envies

Ce que son signe dit de bébé...

Un vrai petit ange

Quelle créativité !
Dès son plus jeune âge, bébé Verseau fait preuve d'une grande inventivité. Il ne fait pas les mêmes tours de cubes que les autres mais cherche d'autres méthodes. Grâce à son esprit ouvert et tolérant, il sait s'adapter aux changements et il est dans la coopération avec ses petits camarades.

Un vrai diablotin

Il ne manque pas d'imagination ! Bébé Verseau est curieux et intéressé par le monde qui l'entoure. Très vite, il veut se débrouiller seul et vivre sa vie comme il l'entend. Parce que oui, bébé Verseau est un petit rebelle dans l'âme qui a tendance à n'en faire qu'à sa tête. Il sait faire comprendre ce qu'il veut et surtout… ce qu'il ne veut pas !

À la maternité

PHOTO SOUVENIR DE PAPA, MAMAN ET BÉBÉ VERSEAU

Le premier biberon ou la première tétée :

Le peau-à-peau :

Les premiers câlins :

Le premier bain :

Les premiers changes :

Premières visites

Beaucoup de monde vient voir bébé Verseau à la maternité :

....

Les premières impressions de l'entourage :

....

Voici tous les cadeaux reçus :

....

Comment se sent Maman ?

....

Comment se sent Papa ?

....

Le faire-part de naissance

Qui l'a choisi ?

◯ Papa ◯ Maman ◯ Maman et Papa

Qui s'occupe des envois ?

◯ Papa ◯ Maman ◯ Maman et Papa

LA FAMILLE

Le signe astrologique majoritaire dans la famille : ....

Signe :
Signe :
Signe :
Signe :
Signe :
Signe :
Signe :
Signe :
Signe :

Bienvenue à la maison

Bébé Verseau rentre chez lui le ....

Adresse : ....

Les personnes qui partagent son cocon sont :

....

La vie à la maison, c'est :

....

....

Sans oublier les animaux qui font aussi partie de la famille :

....

Un Verseau dans la famille ? ○ oui ○ non

À table !

Au début, Maman allaite ou donne le biberon à bébé Verseau .... fois par jour.

Il mange son premier aliment solide à l'âge de .... mois.

C'est : ....

Bébé Verseau aime :

....

Bébé Verseau n'aime pas :

....

Son plat préféré : ....

Bébé Verseau mange tout seul avec sa cuillère à .... mois.

Première glace : ....

Premier citron : ....

PHOTO DE BÉBÉ VERSEAU BARBOUILLÉ DE PURÉE

Fidèle à son caractère, bébé Verseau aime les saveurs qui sortent de l'ordinaire.
Il est toujours content de pouvoir goûter un nouvel aliment.
Plus tard, son plat préféré sera tous les desserts à base de fruits !

Un caractère de Verseau

BÉBÉ VERSEAU AIME :

- ◯ manger
- ◯ prendre son bain
- ◯ qu'on lui chante des chansons
- ◯ les balades en poussette
- ◯ écouter son mobile musical
- ◯ câliner son doudou
- ◯ jouer avec son hochet
- ◯ regarder ses mains

Normal, bébé Verseau veut faire les choses par lui-même.

BÉBÉ VERSEAU N'AIME PAS :

- ◯ être changé
- ◯ prendre son bain
- ◯ dormir tout seul
- ◯ qu'on l'habille
- ◯ attendre avant de partir en balade
- ◯ voyager en voiture
- ◯ qu'on lui lave le nez
- ◯ qu'on le dépose dans son lit

Logique, bébé Verseau a besoin d'amour, de tendresse et d'attention !

Bonne nuit !

La première nuit de bébé Verseau à la maison

....

Le petit rituel du soir :

....

Sa première nuit tout seul dans sa chambre :

....

Sa première nuit complète :

....

Sa première nuit chez Papi et Mamie :

....

Bébé Verseau est capable de dormir énormément un jour pour le lendemain faire une toute petite nuit. Il est imprévisible ! L'idéal ? Essayer de trouver un rythme régulier.

La première nuit de bébé Verseau hors de la maison

a eu lieu le ....

chez ....

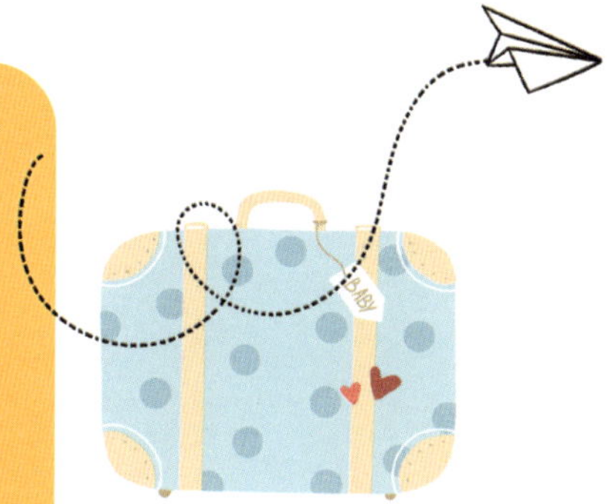

Bébé Verseau a :

- ○ bien dormi
- ○ bien mangé
- ○ un peu pleuré
- ○ bien rigolé
- ○ bu tout son biberon

Doudous et joujoux

Son premier jouet : ....

Son jouet préféré : ....

Son jouet pour le bain : ....

Son premier puzzle : ....

Bébé Verseau joue tout seul :

....

Si bébé Verseau a des frères et soeurs,
il sera ravi de partager de bons moments
avec eux mais il a aussi besoin de temps tout seul.

Bébé Verseau a plein de peluches et de doudous :

....

Son doudou préféré par-dessus tout !

Son petit nom :

....

Premières sorties

Les premières sorties de bébé Verseau
ont eu lieu en porte-bébé,
en écharpe, en poussette ?

....

Pour aller où ?

....

....

Bébé Verseau a aimé les balades ?

....

Que préfère bébé Verseau ?

....

....

Bébé Verseau a un grand besoin d'indépendance et de liberté comme tous les signes d'air. S'il a décidé qu'il voulait marcher aujourd'hui, personne ne réussira à le forcer à se balader en poussette. Il a besoin de contacts, de nouveautés, de découvrir de nouveaux visages dans des endroits variés.

Toutes premières fois

TROP CHOU

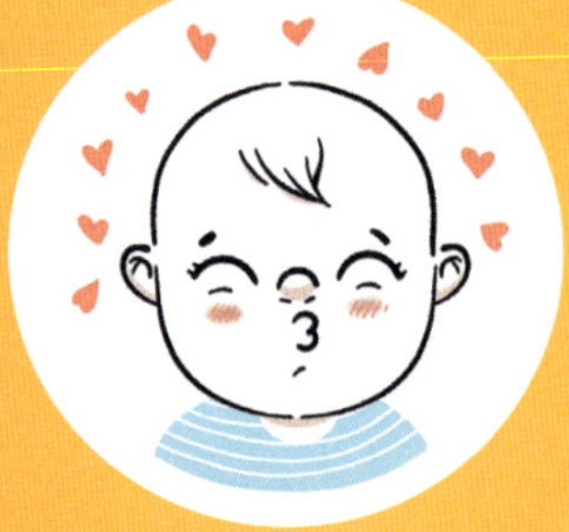

Bébé Verseau fait
son premier bisou :

....

Bébé Verseau fait
son premier sourire :

....

Bébé Verseau a
son premier fou rire :

....

Bébé Verseau fait
les marionnettes :

....

Bébé Verseau fait
« au revoir » avec la main :

....

EN FORME

Bébé Verseau se retourne **sur le ventre :**

Bébé Verseau **rampe :**

Bébé Verseau marche **à quatre pattes :**

Bébé Verseau tient **assis :**

Bébé Verseau se met **debout :**

Bébé Verseau fait **ses premiers pas :**

C'EST LA FÊTE !

Premières vacances :

....

Premier voyage :

....

Première fête de famille :

....

Première fête avec les copains :

....

UN CARACTÈRE BIEN AFFIRMÉ

Premier dessin :

....

Premier « non » :

....

Première bêtise :

....

Première fois que bébé Verseau se cache :

....

Bébé Verseau ne rentre pas dans le moule !
Il observe le monde qui l'entoure
et apprend par mimétisme.

Livres préférés...

Son premier livre :

....

Offert par :

....

Ses histoires préférées :

....

....

....

Le Verseau est un explorateur
dans l'âme. Pas sûr que la lecture
fasse partie de ses passions
mais il sera ravi d'écouter
les histoires.
La lecture l'apaise !

... et chansons adorées

Ses chansons préférées :

Ses comptines préférées :

La chanson que bébé Verseau chante :

Bébé Verseau aime qu'on lui chante des chansons quand :

Bébé Verseau danse :

Bien souvent, le Verseau fait carrière dans une activité insolite, plutôt futuriste comme l'astronomie. Mais pourquoi pas dans la chanson ? Les pronostics sont lancés !

Bébé Verseau grandit !

À 1 mois, bébé Verseau

mesure .... cm et pèse .... kg.

À 3 mois, bébé Verseau

mesure .... cm et pèse .... kg.

À 6 mois, bébé Verseau

mesure .... cm et pèse .... kg.

À 9 mois, bébé Verseau

mesure .... cm et pèse .... kg.

À 12 mois, bébé Verseau

mesure .... cm et pèse .... kg.

Petit bébé deviendra Verseau

1 mois

2 mois

3 mois

4 mois

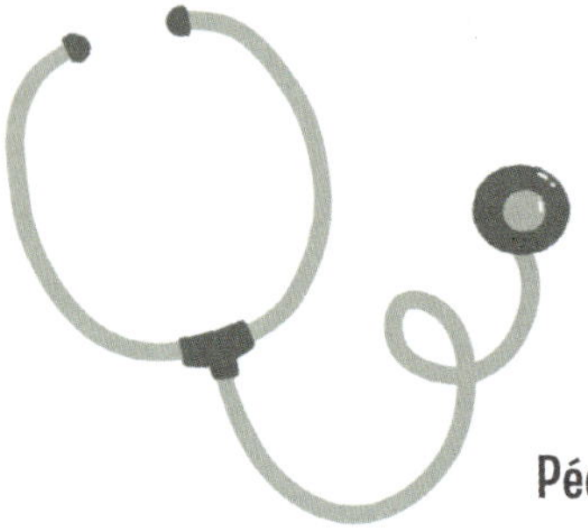

Vaccins et bobos

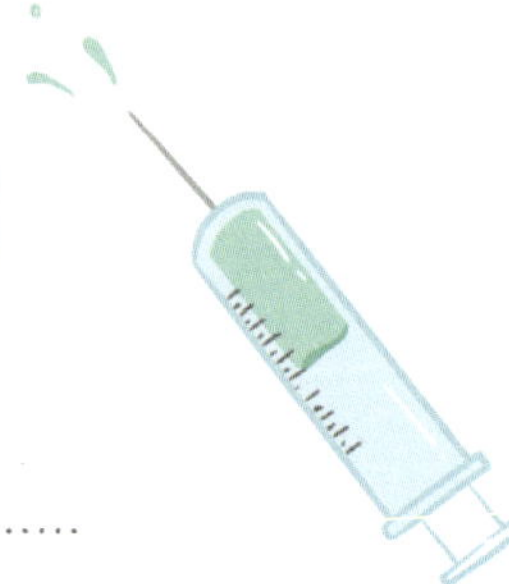

Pédiatre : ....

Côté vaccins :

....

Premier bobo :

....

Première chute :

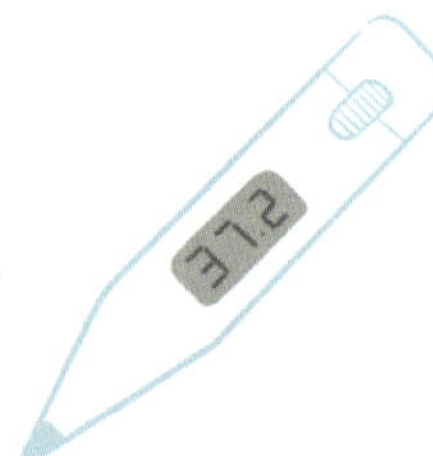

....

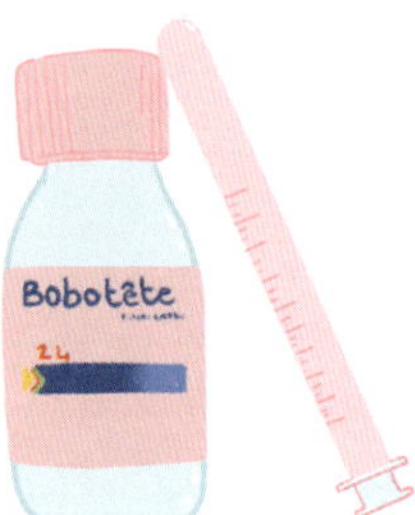

Bébé Verseau est-il souvent malade ?

....

Bébé Verseau rechigne-t-il à prendre ses médicaments ?

....

Bébé Verseau a tendance à être un peu tendu et son petit bidou peut être son point sensible. Attention aussi au chaud de l'été et au froid de l'hiver ! Bébé Verseau a du mal à supporter. Mais pas de panique, avec sa forte personnalité et sa capacité à se débrouiller, tout va bien se passer !

Cheveux tout doux

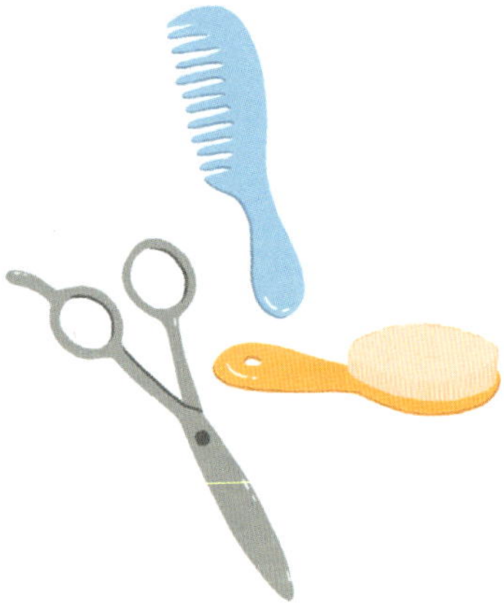

Quand bébé Verseau est né, ses cheveux étaient :

....

Au fil du temps, ils deviennent :

....

Première coupe de cheveux ou première fois chez le coiffeur :

....

Quelle a été la réaction de bébé Verseau ?

....

....

Pas toujours facile de passer le cap
et de couper ses premières bouclettes
à bébé Verseau !

Dents qui poussent

Bébé Verseau a .... mois quand sa première dent apparaît.

La deuxième arrive .... semaines plus tard.

Bébé Verseau est-il grognon ?

....

Quelle est sa réaction lors des poussées dentaires ?

....

....

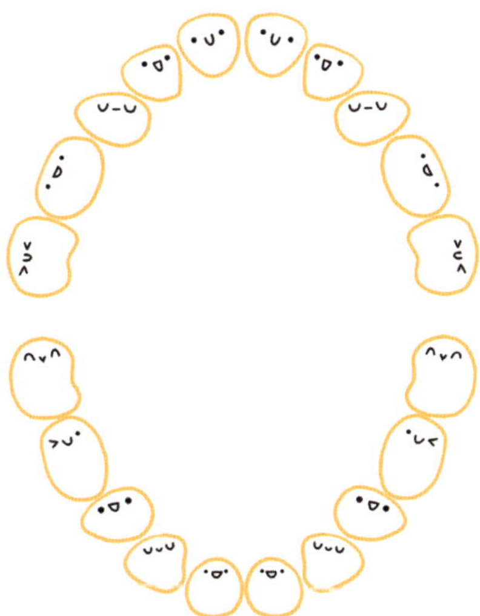

Inscrivez dans chaque dent son ordre d'arrivée (de 1 à 20)

1. ....
2. ....
3. ....
4. ....
5. ....
6. ....
7. ....
8. ....
9. ....
10. ....
11. ....
12. ....
13. ....
14. ....
15. ....
16. ....
17. ....
18. ....
19. ....
20. ....

Notez la date et l'âge de l'enfant

Premier Noël

Nous le fêtons chez

....

Bébé Verseau a .... mois.

Les invités présents :

....

....

Bébé Verseau a eu de beaux cadeaux :

....

....

Bébé Verseau a de si beaux cadeaux qu'il est toujours disposé à expérimenter de nouvelles choses avec ses frères et sœurs !

PREMIÈRE PHOTO
AVEC LE PÈRE NOËL

Premier anniversaire

Un an en compagnie de bébé Verseau, ça se fête !
Quel bonheur de vivre avec une petite bouille
d'amour à l'esprit si vif !

Où a lieu la fête :

Qui est invité ?

Comment est le gâteau ?

Qui l'a préparé ?

Bébé Verseau a eu de beaux cadeaux :

PHOTO DE SON 1ER ANNIVERSAIRE

Bla-bla-bla

Bébé Verseau fait ses premiers gazouillis à .... mois

Bébé Verseau dit « Maman » : ....

Bébé Verseau dit « Papa » : ....

Bébé Verseau dit son prénom : ....

Écrivez ici son 1er mot pour être sûre de ne jamais l'oublier !

Ses mots préférés :

Ses petites expressions :

Les mots qu'il emploie à la place d'autres :

Bébé Verseau pense et agit différemment des autres.
Ses proches s'en rendront compte très vite !

Bébé Verseau et les autres

Les copains et copines de bébé Verseau :

....

....

....

Sa réaction quand il voit un visage inconnu :

....

....

....

Bébé Verseau craque pour

....

....

À L'ÉCOLE

Audacieux et créatif, le Verseau aime faire plaisir ! C'est bien pratique pour se faire des copains ! En classe, la situation peut être un peu plus compliquée car le Verseau a tendance à s'ennuyer s'il n'est pas passionné par ce qu'on lui raconte.

Ça ne passe pas avec : le Lion.
Le Verseau reproche au Lion d'être tout feu tout flamme et de déverser un peu trop sa joie de vivre partout sur son passage. Un peu de retenue lui semble plus approprié.

Quand bébé Verseau sera grand…

Papa et Maman l'imaginent :

....

....

....

Nous lui souhaitons :

....

....

....

VERSEAU, SIGNE D'AIR

Les signes d'air se distinguent par leur capacité à réfléchir et à agir de manière rationnelle. En bon signe d'air, le Verseau fait preuve d'une belle ouverture d'esprit, d'une bonne capacité d'analyse et d'une grande originalité. Extraverti et imaginatif, il aime faire plaisir !

BÉBÉ VERSEAU N'EST PLUS BÉBÉ

Adulte, le Verseau est anticonformiste et se distingue des autres. C'est toujours celui qui agit ou qui réfléchit à contre-courant. Il aime parler et comprendre les choses mais déteste recevoir des ordres. Il faut savoir le prendre… On ne peut pas être parfait sur tous les plans en même temps !

Ces mots de Maman

Bébé Verseau a besoin d'être rassuré et ça tombe bien,
c'est maintenant à Maman de s'exprimer !

Ces mots de Papa

Bébé Verseau est ouvert d'esprit mais c'est maintenant au tour de Papa de dire ce qu'il a sur le cœur !

Et un petit mot de ceux qui l'aiment

De la part de : ....

Signe astrologique : ....

De la part de : ....

Signe astrologique : ....

De la part de : ....

Signe astrologique : ....

De la part de : ....

Signe astrologique : ....

Dans la même collection

Ouvrage dirigé par Mathilde Guillier
Conception graphique : Stéphanie Aguado
Lecture et correction : Julie Montenot

Textes : Aurore Meyer
Illustrations : Émilie Theillard

34-36, rue La Pérouse - 75116 Paris
www.hugopublishing.fr

ISBN : 9782755674606
Dépôt légal : janvier 2025
Imprimé en Chine par Mpaper